FOURTEEN WOLVES: A REWILDING STORY by Catherine Barr, illustrated by Jenni Desmond
Text copyright © 2021 by Catherine Barr
Illustrations copyright © 2021 by Jenni Desmond
All rights reserved. This Korean edition was published by Max Education Co. Ltd. in 2022 by arrangement with Bloomsbury Publishing Plc. through KCC(Korea Copyright Center Inc.), Seoul.

이 책은 (주)한국저작권센터(KCC)를 통한 저작권자와의 독점계약으로 (주)맥스교육에서 출간되었습니다. 저작권법에 의해 한국 내에서 보호를 받는 저작물이므로 무단전재와 복제를 금합니다.

글 캐서린 바르
영국 리즈대학교에서 생태학과 저널리즘을 공부했습니다. 국제 환경 보호 단체인 그린피스에서 7년 동안 일하며 야생 동물과 숲을 보호하는 캠페인을 벌였습니다. 또한 영국 자연사박물관에서 공룡이나 괴물에 관한 전시를 기획하기도 했습니다. 현재는 두 딸을 비롯한 가족과 함께 살면서 논픽션 책을 쓰는 작가로 활동하고 있습니다.

그림 제니 데스몬드
화가이자 일러스트레이터로 수상 경력을 가진 그림책 제작자입니다. 『북극곰』 『동생만 예뻐해』 『동물들의 기나긴 여행』 『알버티의 나무』 등을 포함한 수많은 책의 삽화를 그렸습니다. 제니 데스몬드의 책은 뉴욕타임즈, 퍼블리셔위클리, 가디언, 허핑턴포스트, 브레인픽스, 워싱턴포스트에서 올해 최고의 책으로 선정되기도 했습니다.

옮김 김미선
중앙대학교 사학과 졸업 후 미국 마켓대학교에서 커뮤니케이션 석사 학위를 받았습니다. 어린이·청소년 책과 인연을 맺어, 출판 기획 및 전문 번역가로 활동하고 있습니다. 번역한 책으로 『디즈니 무비동화: 모아나』 『디즈니 알라딘 소설: 파 프롬 아그라바』 『디즈니 주토피아: 디즈니 무비 픽처북』 『어두운 건 무서운 게 아냐!』 『아홉 시에 뜨는 달』 『내가 왜 커다란지 알려 줄까?』 등이 있습니다.

생태계를 복원한 자연의 마법사들
열네 마리 늑대

초판 1쇄 발행 2022년 3월 15일
초판 2쇄 발행 2023년 7월 14일

글 캐서린 바르
그림 제니 데스몬드
옮김 김미선

펴낸이 신난향 **편집위원** 박영배 **펴낸곳** (주)맥스교육(상수리)
출판등록 2011년 8월 17일(제2022-000038호)
주소 경기도 성남시 분당구 정자일로156번길 12, 타임브릿지 1503호
대표전화 02-589-5133 **팩스** 02-589-5088
홈페이지 www.maxedu.co.kr **블로그** blog.naver.com/sangsuri_i
책임편집 김소연, 김진호 **디자인** 이지안
경영지원 장주열

ISBN 979-11-5571-881-0 77490

* 이 책의 내용을 일부 또는 전부를 재사용하려면 반드시 (주)맥스교육(상수리)의 동의를 얻어야 합니다.
* 잘못된 책은 구입한 곳에서 바꾸어 드립니다.

어린이제품안전특별법에 의한 제품 표시
제조자명 (주)맥스교육(상수리) \ **제조국** 대한민국 \ **제조년월** 2023년 7월 \ **사용연령** 만 7세 이상 어린이 제품

생태계를 복원한 자연의 마법사들

열네 마리 늑대

캐서린 바르 지음   제니 데스몬드 그림

상수리

옐로스톤 국립공원의 늑대들

늑대는 무섭지만 경이로운 동물입니다.

신비에 싸인 이 전설의 포식자는 수천 년 동안이나 인간의 총에 맞고 잡혔습니다.

농부들은 어둠 속에서 노랗게 번쩍이는 늑대의 눈을 경계하지요.
늑대가 와서 잠자고 있는 가축을 잡아갈지도 모른다면서요.
또 사냥꾼들은 두텁고 보드라운 털을 얻기 위해 늑대를 찾으러 나섭니다.

동화 속에서도 늑대의 울음소리가 들리면 어떤 이는 몸을 덜덜 떨고,
어떤 이는 서둘러 문을 걸어 잠급니다.

그러나 길게 뽑아내는 늑대의 울음소리는 이제 많은 사람들에게,
야생의 마법을 – 한때 불모지였던 드넓은 땅을 회복시킨
마법을 떠올리게 합니다.

자연 그대로의 아름다운 곳

여기는 미국의 국립공원, 멋진 풍경이 펼쳐지는 곳이에요.
야생에서 잠들어 있는 화산 저 너머로 깊은 숲들이 끝없이 이어져 있습니다.

넓이가 무려 9,000 제곱킬로미터에 이르는 드넓은 이 공원은 와이오밍주와 아이다호주, 몬태나주에 걸쳐 있어요.
1872년 3월 1일, 옐로스톤 공원은 세계에서 처음으로 국립공원이 되었답니다. 해마다 전 세계에서 4백만 명이나 되는 사람들이 이곳을 찾아오지요.

이곳에는 무지개 빛깔의 암석이 있고 뜨겁게 끓어오르는 호수와 보글보글 거품을 내는 진흙 웅덩이도 있어요. 눈으로 덮인 산봉우리가 하늘을 향해 우뚝 서 있고, 거대한 골짜기 사이마다 웅장한 협곡과 맹렬히 물을 뿜어내는 강이 있답니다.

이곳에는 세상에서 가장 유명한 간헐천도 있지요. 간헐천이란 일정한 간격을 두고 뜨거운 물이나 수증기를 뿜어내는 온천을 말해요. 화산이 만든 뜨거운 물이 분수처럼 공중으로 솟구치는가 하면, 어두운 호수는 마치 거울처럼 주변을 비추어 준답니다.

옐로스톤 국립공원은 수천 가지 다양한 야생 동물의 보금자리입니다. 150종이 넘는 새들이 공원 위에서 원을 그리며 날다가 깊은 숲 속에 둥지를 틀지요. 크기와 모양이 가지각색인 물고기들은 다채로운 색깔을 뽐내며 개울을 헤엄쳐 다닙니다. 위풍당당한 모습의 엘크와 털이 덥수룩한 들소들도 드넓은 평원을 돌아다니죠. 공원은 커다란 육식동물에게 더할 나위 없이 좋은 사냥터입니다. 스라소니와 퓨마, 흑곰, 그리즐리 회색곰, 코요테와 늑대들이 모두 먹잇감을 찾아 이곳으로 모여듭니다.

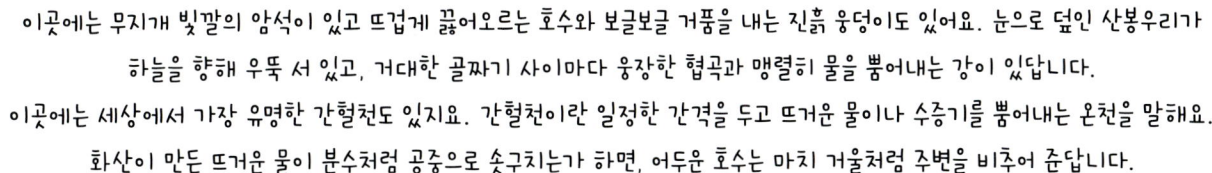

그러나 옐로스톤 국립공원이 항상 생명이 넘치는 땅은 아니었어요. 황무지처럼 초라하게 변한 적이 있었죠. 늑대가 사라진 후 생긴 일입니다.

5

사라진 늑대

늑대들은 수백 년 동안 옐로스톤 국립공원의
지배자였습니다. 여기 외딴 곳에 살던 엘크와
다른 동물들을 사냥하며 자유롭게 쏘다녔고
야생의 평원을 호령했지요.

하지만 한 해 두 해 흘러가면서 사냥꾼들이 오고 갔습니다.
그들은 따뜻한 털을 노려 덫을 놓았고,
늑대들이 가축을 쫓거나 죽이면 총으로 쏘았지요.

드넓은 평원을 가로지르며 포효하던
늑대 무리는 자취를 감추고 말았어요.
한때 강이나 개울에서 참방거리며 앙앙대던
늑대 새끼들도 사라져 버렸지요.

땅은 이내 조용해졌습니다.
어느 곳에서도 더이상 늑대의 울음소리는
들리지 않았어요.

늘대가 사라지자 공원의
생명체들에게도 변화가 생겼어요…….

늘대가 사라지자 엘크는 두려울 것이 없어졌습니다.
탁 트인 계곡에서 밤낮을 가리지 않고
풀을 뜯어 먹었어요.

늘대가 사라지자 엘크는 먹고, 먹고, 또 먹었습니다.
풀과 나뭇잎을 마음껏 뜯었지요. 강둑을 따라 자라고 있던
새순을 야금야금 씹어 먹는 바람에 나무가 새로 자랄 수
없었어요. 한때 풀로 무성했던 푸른 초원은 이내
황폐해져서 갈색빛으로 변하고 말았습니다.

엘크가 골짜기를 완전히 차지해 버리자, 다른 야생 동물들이
사라지기 시작했어요. 나무가 자라지 않아 새들은 둥지 틀 곳을
찾을 수 없었어요. 결국 다른 보금자리를 찾으러 공원을 떠나고 말았습니다.
다른 동물들도 쉴 곳을 잃어버렸고 먹이도 충분히 구할 수 없었어요.
곰, 비버, 토끼, 여우의 숫자는 갈수록 줄어들었어요…….

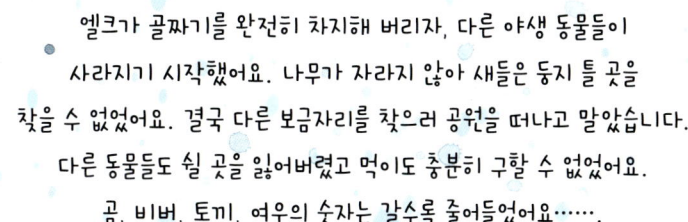

이러한 상황은 어느 추운 겨울날까지 계속되었습니다. 과학자와
환경 보호 활동가들은 늑대가 사라져서 생긴 일이라며 늑대를 다시
공원에 풀어놓으면 모든 게 해결될 거라고 주장했습니다. 논쟁은 20년 동안
지루하게 이어졌어요. 1995년의 어느 추운 겨울날, 치열한 다툼 끝에
드디어 늑대를 공원에 다시 들이겠다는 결정이 이루어졌습니다.

이 이야기는 늑대가 다시 고향으로 돌아오는 긴 여정을 담고 있습니다.

· 제1부 ·

고향으로 돌아오다

하늘에서 바라보는 광경

이 이야기는 하늘에서 시작됩니다.

캐나다 로키 산맥 하늘 높이, 헬리콥터 한 대가 반원을 그리며 날고 있습니다. 아래에는 한 무리의 늑대가 깊은 눈 속을 헤치며 한 줄로 늘어서 질주하고 있습니다. 안전벨트를 맨 남자가 헬리콥터 밖으로 몸을 내밉니다. 매서운 바람이 몰아칩니다. 그는 늑대를 향해 겨냥한 뒤 총을 쏘고는, 안전벨트를 풀고 급히 헬리콥터에서 뛰어내립니다.

총에 맞은 늑대는 데굴데굴 구르다가 쓰러져……, 이내 잠이 듭니다.
그는 늑대를 안고 온 힘을 다해 눈밭을 헤쳐 나가려고 애를 씁니다.
산에서 기다리던 사람들이 그에게 다가갑니다. 모두 힘을 합쳐 깊은 잠에 빠진
이 보드라운 생명체를 들어 대기하고 있던 썰매에 태웁니다.

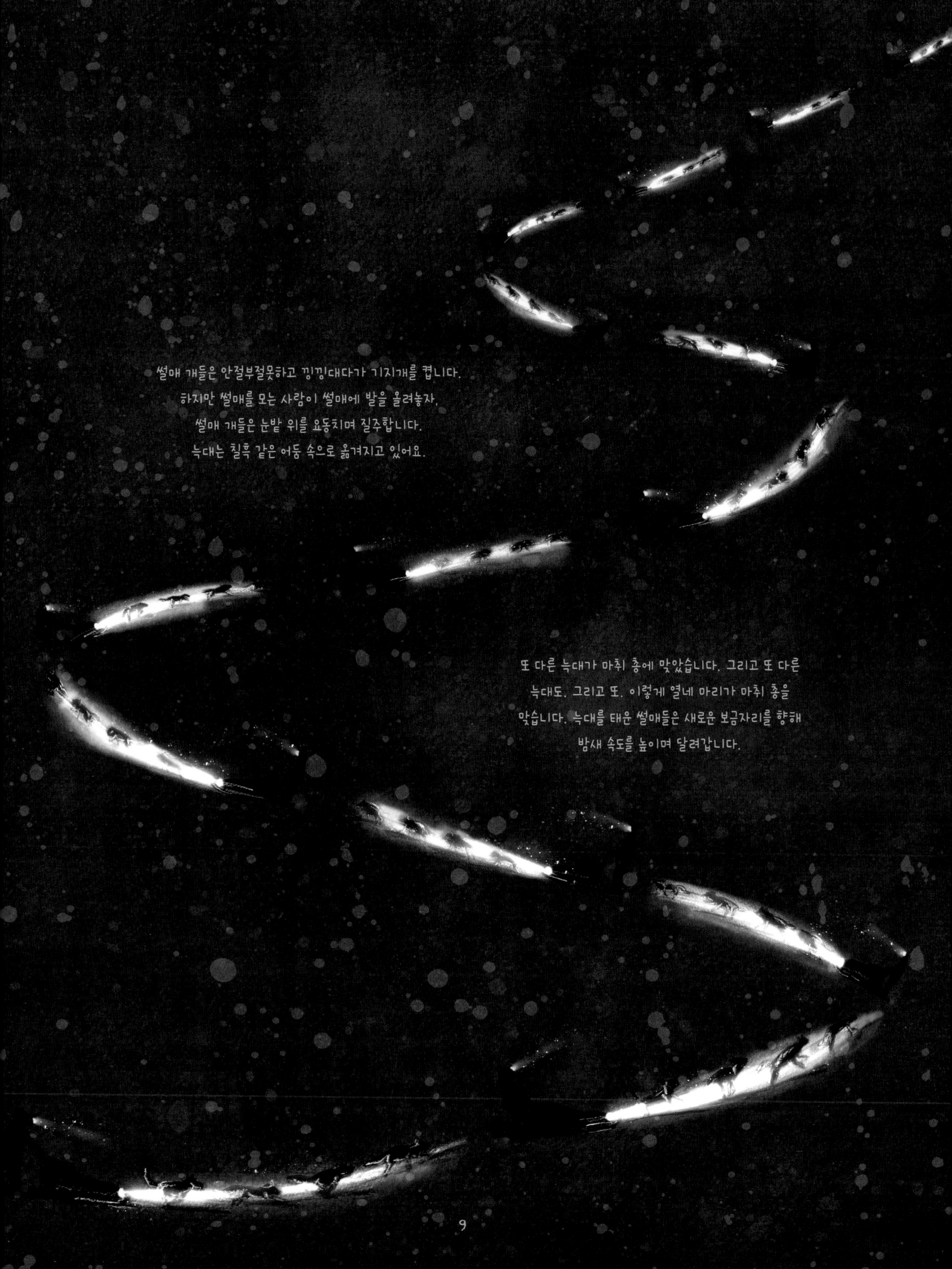

썰매 개들은 안절부절못하고 낑낑대다가 기지개를 켭니다.
하지만 썰매를 모는 사람이 썰매에 발을 올려놓자,
썰매 개들은 눈밭 위를 요동치며 질주합니다.
늑대는 칠흑 같은 어둠 속으로 옮겨지고 있어요.

또 다른 늑대가 마취 총에 맞았습니다. 그리고 또 다른
늑대도. 그리고 또. 이렇게 열네 마리가 마취 총을
맞습니다. 늑대를 태운 썰매들은 새로운 보금자리를 향해
밤새 속도를 높이며 달려갑니다.

야간 여행

행렬은 남쪽으로 향합니다. 캐나다 늑대들은
차가운 철제 우리 속에서 몸을 웅크립니다.
늑대들은 작은 비행기로 옮겨져 온통 바위로 뒤덮인
산맥 위를 날아갑니다.

늑대들의 여행은 쉽게 끝나지 않습니다. 비행기에서 내린 늑대들은 다시
트럭 안으로 옮겨집니다. 트럭은 북미에서 가장 자연이 살아있는 지역을
통과하며 달립니다. 이윽고 트럭이 천천히 속도를 늦추다가 멈추고,
늑대를 실은 우리가 썰매 위로 옮겨집니다. 이번에는 추위 속에 갈기까지
얼음으로 뒤덮인 당나귀들이 썰매를 끕니다. 늑대를 태운 이 강인한
동물들은 옐로스톤 공원의 심장부를 향해 굽이굽이 나아갑니다.
저 멀리에서 엘크 무리가 어둠 속에 모여 서성입니다.

썰매가 공원 깊숙한 곳, 특수하게 제작된 보호소에
도착하고 나서야 드디어 상자의 문이 열립니다.

용감한 검은 늑대가 하얀 눈 위에 발을 내딛습니다.
늑대의 거대한 앞발이 겨울용 털신처럼 넓게 퍼졌습니다.
그는 명석하면서도 호기심 가득한 눈으로
새로운 보금자리를 살펴봅니다.

그는 70년 만에 이 야생의 세계에
처음으로 발을 디딘 늑대입니다.

지켜보며 기다리다

늑대들은 공원 안에서 세 곳의 우리에 나누어 수용되었습니다. 각각의 우리는 약 4천 제곱킬로미터에 이르는 눈 덮인 땅이었습니다.

늑대들은 간절히 탈출하고 싶어했지만, 조금 더 오래 갇혀 지내야 했습니다. 너무 일찍 풀어주면 원래 살던 곳으로 돌아가려는 본능에 이끌려 북쪽 캐나다로 갈 수도 있기 때문이었어요. 우리 안의 생활은 비교적 수월했습니다. 사람들은 2주에 한 번씩 엘크와 사슴, 무스와 들소의 사체를 늑대들에게 먹이로 가져다주었습니다.

늑대는 무리를 이루어 생활합니다. 울타리 안에서도 친한 늑대들끼리 모이면서 세 무리가 만들어지기 시작했습니다. 각각의 무리는 우두머리 수컷과 암컷이 이끌었어요. 이 우두머리 한 쌍이 무리를 책임졌습니다. 그들은 무리 안 다른 늑대들에게 경외와 존경의 대상입니다.

늑대들은 자유를 기다렸습니다. 늑대들이 울타리 주위를 끝없이 서성거립니다. 그러면서 새로운 냄새와 풍경, 소리를 익히는 것입니다. 그들은 저 너머 야생의 세계를 느끼고 있습니다.

10주가 흘렀습니다. 드디어 늑대를 풀어줄 시간이 되었어요.

질주

늑대들을 가두고 있던 우리의 문이 활짝 열렸습니다. 그러나 늑대들은 꼼짝도 않고 서 있었어요. 그 모습을 지켜보고 있던 과학자들은 숨을 죽였어요.

늑대들 곁에 있던 이들은 과학자들뿐만이 아니었어요. 그 지역의 많은 목장 주인들과 사냥꾼들은 늑대들이 돌아오도록 허락했다는 소식에 무척 화를 냈어요. 그래서 눈에 띄지 않는 곳에서 늑대들을 노려보며 총으로 쏴 죽일 태세를 갖추고 있었어요. 우리 안에서는 무장한 경비원들이 밤낮으로 늑대들을 지켰지만 이제 야생에서는 늑대들 스스로 자신을 지켜야만 합니다.

3일이 지나서야 이 경계심 많은 포식자들은 경비원들의 시선에서 벗어나 야생으로 건너갑니다. 한 발자국, 두 발자국, 늑대들은 경계선 너머로 천천히 조심스럽게 발을 내딛은 후……, 재빨리 숲 속으로 사라졌습니다.

이제 자유입니다. 무리들은 각각 자신만의 구역을 구축했습니다. 과학자들은 늑대들이 풀려난 지역의 이름을 따서 각 무리의 이름을 지었어요. 크리스털 크릭(Crystal Creek) 무리, 로즈 크릭(Rose Creek) 무리, 소다 뷰트(Soda Butte) 무리, 3개의 무리였습니다. 시간이 흐르자 하나의 무리가 더 생겼습니다. 늑대 두 마리가 크리스털 크릭 무리를 떠나 레오폴드(Leopold)라는 새로운 무리를 만들었거든요.

마침내 모든 늑대가 시야에서 사라졌습니다. 하지만 잃어버린 것은 아니었어요. 각각의 늑대들에게 번호를 매기고 무선 추적 장치를 달았기 때문에 어디로 갔는지 알 수 있었습니다. 추적 장치에서 나오는 신호로 과학자들은 늑대들의 이동 경로를 그릴 수 있었어요. 이런 방법으로 늑대들이 어디로 가고 어떻게 사는 법을 배우는지 알아낼 수 있었지요.

각각의 무리들은 어두운 숲을 지나 사람의 손이 닿지 않은 강과 가파른 산을 따라 멀리, 그리고 광범위하게 이동했습니다.

광활한 옐로스톤 국립공원에서
늑대들이 마음껏 질주하기 시작합니다.

엘크와 마주하다

옐로스톤 국립공원에 사는 동물들에게 겨울은 너무나 힘들어요. 살아남기 위해 억척스럽게 움직여야 합니다. 기온은 영하 40도 아래로 곤두박질치는 데다가, 강은 꽁꽁 얼어붙고 눈은 두꺼운 이불처럼 땅 위를 덮어버립니다. 먹이가 부족해 모두들 배고픔에 시달려요.

먹어야 하는 늑대들이 엘크를······.

늑대가 돌아왔을 때 공원 안에는 약 2만 5천 마리의 엘크가 있었습니다. 겨울에 엘크는 서로의 발자국을
밟으며 이동합니다. 그래야 먹이를 찾으면서도 힘을 아낄 수 있거든요. 엘크는 골짜기 안쪽에 있는
평평한 곳을 향해 이동합니다. 눈이 폭신폭신하고 그 아래에 뜯어 먹기 쉬운 풀들이 있기 때문이지요.
하지만 배를 채우기에는 부족합니다. 그래서 겨울철이면 엘크는 약해지고, 굶주려 있어요.

하지만 늑대는 강합니다. 게다가 탁 트인 평원에서 먹이를 찾는 엘크는 쉽게 눈에 띄어요.
늑대 무리는 공격하기에 가장 좋은 순간을 기다리며 엘크를 바라보고 있습니다.
엘크가 갇히거나 떨어지기 쉬운 눈구덩이나 웅덩이 또는 얼어붙은 강의 위치를 확인합니다.

사냥하기 가장 좋은 시간은 해가 지고 땅 위에 그림자가 길게 드리워질 무렵입니다. 해가 지고 나면 엘크는
몸이 뻣뻣해지면서 고개를 바짝 쳐듭니다. 귀를 실룩거리고 눈은 커지며 수컷의 뿔은 해가 지는 쪽을 향합니다.
이곳에 있는 엘크 무리들은 늑대를 한 번도 본 적이 없어요. 하지만 위험이 가까이 다가오고 있다는 사실은
본능적으로 알아차립니다. 엘크들은 겁에 질려 서로 몸을 옹송그리며 모여듭니다.

늑대들이 해가 지기만을 기다리는 동안, 까마귀들이 그 모습을 지켜보고 있습니다.
이제 곧 사냥이 시작될 것입니다.

사냥

늑대들은 강인한 가슴으로 눈을 가르며 달려 나갑니다.
힘을 아끼기 위해 엘크처럼 앞선 친구의 꼬리에
코가 닿을 정도로 가까이 따라붙습니다.

가장 힘이 센 우두머리 늑대가 앞에서 이끌고 나머지 늑대들은
그 뒤를 따릅니다. 이들은 한 팀이에요. 늑대들은 이 무시무시한
먹이 사냥에서 각각 자기만의 역할이 있습니다.

어린 엘크 한 마리가 무리의 가장자리에서 벗어나 길을 잃었습니다.
우두머리 암컷 늑대가 어린 엘크를 지켜보고 있다가, 무리와 떨어지는 순간
그를 사냥감으로 고릅니다. 암컷 늑대가 신호를 보내자 늑대 무리가
가까이 다가섭니다. 엘크는 허둥지둥 몸을 돌려 얼어붙은 강을 향해 달립니다.
늑대가 거기까지는 쫓아오지 못할 것이라고 생각한 거죠. 엘크가 강으로
뛰어들자 얼음장이 깨졌고 엘크는 차가운 물 속에서 허우적거립니다.

늑대들은 추위 속에 서서 그 연약한 엘크가 허우적거리다가 끝내
죽을 힘을 다해 물가로 되돌아오는 순간을 기다립니다.

기다리고 있던 늑대들이 덤벼듭니다. 힘이 빠진 엘크는 반항도 하지 못하고
쓰러지고 맙니다. 지친 우두머리 암컷은 숨을 돌리기 위해 땅에 주저앉습니다.
그 사이에 나머지 늑대들이 배불리 먹습니다. 모두 먹이를 얻었습니다.

까마귀와 까치가 원을 그리며 날다가 아래로 내려가 먹이를 먹고 있는 늑대들 사이에
조심스럽게 춤을 추며 끼어듭니다. 이들은 늑대들이 먹고 남긴 고기들을 먹을 거예요.
포식자들이 새들에게 며칠 만에 첫 끼니를 먹게 해준 것이지요.

겨울은 길고 무자비합니다.
하지만 변화의 바람이 불어오고 있어요.
봄이 멀지 않았습니다……

해빙

3월이 되면 엄청난 양의 얼음이 녹아내립니다.
봄은 얼음 밑으로 콸콸 쏟아져 내리는 물소리와 함께 찾아오지요.

강이 녹아 얼음 조각들이 떠내려가면서, 밑에서 조용히 흐르던 개울물은 이제 폭포수가 되어
땅 위에 휘몰아칩니다. 폭포수는 요란한 소리를 내며 산에서 내려와 골짜기를 물로 채우지요.
날이 따뜻해진 덕분에 들꽃과 초록 풀들이 강가에 무성해집니다.

흑곰이나 그리즐리 회색곰과 같이 겨울잠을 자던 동물들은 기나긴 잠에서 깨어납니다. 이 곰들도 이제는
많이 남지 않았어요. 늑대들처럼 곰들도 사냥꾼의 위협에 시달려 왔지요. 게다가 옐로스톤 국립공원에
오랫동안 늑대가 없다 보니, 먹이가 되는 동물 사체가 부족하여 곰들도 굶주려서 약해져 있었습니다.

날씨가 따뜻해지자 엘크와 들소, 무스 떼들이 여기저기서 모습을 드러냅니다.
그 중에는 새로 태어난 새끼들도 있어요.

성 장

늑대 가족에게도 새 생명이 찾아왔습니다.

거대한 소나무 뿌리 사이에 만든 굴속에 웅크리고 앉은 우두머리 암컷 늑대는 아직 눈도 채 뜨지 않은 새끼 늑대들을 보살피고 있습니다. 이 새끼들은 옐로스톤 국립공원에서 오랜만에 태어난 첫 번째 늑대들이에요.

몇 주 동안 새끼 늑대들은 어두컴컴한 굴에서 고개만 쏙 내밀어 밖을 봅니다. 이 녀석들은 호기심도 많고 세상을 탐험하고 싶은 마음도 간절합니다.

무리의 모든 늑대들이 힘을 합쳐 새끼 늑대들을 돌봅니다. 새끼들이 따뜻하고 안전하게 지낼 수 있도록 해주고, 사냥하는 법과 싸우는 법을 가르쳐 주기도 해요. 어린 새끼들은 집중해서 배워야 합니다. 야생의 세계에서 살아남는 데 꼭 필요한 기술이거든요.

늑대의 수명은 15년 정도이지만 훨씬 더 짧게 끝날 수도 있습니다. 사냥 실력이 형편없거나 다른 포식자 무리가 먹이를 빼앗아 간다면 새끼들은 굶주릴 수밖에 없어요. 어린 늑대들은 자라면서 영역 다툼하는 법과 짝을 찾는 법을 배웁니다. 앞으로 많은 늑대가 우두머리가 되기 위해 싸우다 죽을 것입니다. 또 살아남는다 해도 공원 경계선 너머로 모험을 떠나다 불법 사냥꾼의 총에 맞아 죽을 수도 있어요.

하지만 지금은 걱정 할 게 없어요. 요 털뭉치들은 엄마 품에 바짝 파고들어 먹이를 먹고 잠을 잔답니다.

여름이 끝날 무렵, 새끼 늑대들은 태어난 지 8주가량 되어 멀리 떠날 수 있을 정도로 튼튼해졌습니다. 이제 안락한 굴을 떠나 새로운 보금자리로 모험을 떠날 때가 되었어요. 새끼들은 더 넓은 장소에서 놀면서 배우게 되겠지요.

강을 건너며

늑대들은 여행을 하며 새로운 모험과 마주합니다.

늑대들의 목적지는 꽃이 피는 초원입니다. 풀이 무성하게 자라는 곳이지요.
하지만 그곳에 가려면 아주 위험한 개울을 건너야 해요.

굉음을 내며 휘몰아치는 물은 얼음처럼 차갑습니다. 높은 산꼭대기에 있던 빙하와 눈이 녹아내린 물이니까요.
우두머리 암컷은 위험하긴 해도 새끼들이 용감하게 차디찬 강물에 뛰어들 수 있다는 것을 알고 있지요.
우두머리 암컷은 차가운 물에 조심스럽게 발을 내딛고는, 앞장서서 나아갑니다. 물살에 몸을 맡긴 채
강의 하류로 내려가다가, 너른 강둑 쪽으로 간신히 몸을 옮깁니다. 그곳에서 새끼들을 기다릴 것입니다.

새끼들이 하나둘씩 물로 발걸음을 옮깁니다. 추워서 낑낑대기도 합니다.
강물은 강력한 힘으로 그 작은 몸뚱이들을 하류로 휩쓸고 갑니다. 하지만 너무 멀리
떠내려가기 전에 재빨리 암컷 늑대가 새끼 늑대들을 잡아챕니다.
센 물살에 떠밀려 지나갈 때마다 우두머리 암컷이 새끼들을 하나하나 끌어냅니다.

무사히 강을 건넌 후, 새끼들은 강 건너편에서 후들거리는 다리를 딛고 서서
무지갯빛 물방울을 털어냅니다. 금세 털이 마르고 이제
여름 햇살 속에서 놀면서 새로운 것을 배울 준비를 마쳤어요.

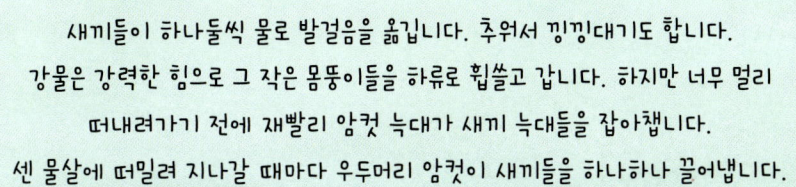

늑대의 여름

긴 여행 끝에 늑대들은 초원을 찾았어요. 어른 늑대들이 여름의 열기 속에 꾸벅꾸벅 조는 동안, 어린 늑대들은 기다랗게 자란 풀 속에서 뛰어놀아요.

땅거미가 지면 어른 늑대들은 잠에서 깨어 사냥할 준비를 해야 합니다. 이제 다 자란 새끼 늑대들도 함께 사냥에 참여해 어른 늑대들이 먹잇감을 잡는 모습을 보고 배웁니다. 하지만 아직은 뒤에서 잠자코 살펴봐야 해요.

엘크 사냥에 성공한 늑대들은 무리와 배고픈 새끼 늑대들에게 실컷 먹을 수 있도록 합니다. 늑대들의 엘크 잔치를 지켜보며 기다리는 수많은 다른 동물들에게도, 먹고 남은 찌꺼기와 뼈들은 좋은 먹이가 될 것입니다.

그렇게 해를 거듭하며 늑대들의 삶은 이어집니다.

봄마다 새로운 새끼 늑대들이 태어납니다. 공원에 사는 늑대의 수가 늘어나자 원래 있던 늑대 무리도 바뀌고 새로운 무리가 생겨납니다.

늑대들은 다시 먹이 사슬에서 가장 위에 자리 잡았어요.

늑대가 다시 돌아오자, 공원 안 모든 동물들과 생명체의 삶도 바뀌었습니다. 그리고 공원의 풍경도 놀랄 정도로 달라졌어요.

제 2 부

새로운 옐로스톤

늑대 수의 증가

늑대들이 배가 고파서 엘크를 잡아먹습니다. 한때 거대한 무리를 자랑했던 엘크의 숫자가 줄어들기 시작합니다.

코요테에게는 위기가 찾아왔습니다. 늑대는 코요테를 죽일 수 있어요. 코요테의 수도 줄어들기 시작합니다.

주로 영양이나 작은 동물들을 잡아먹는 코요테의 수가 줄어들자, 다른 동물들의 수가 늘어납니다.

가지뿔영양의 수가 많아져요.

더 많은 오소리가 종종거리며 돌아다닙니다.

여우 가족의 수도 많이 늘어나요.

겁 많은 토끼나 쥐와 같은 작은 포유류의 숫자도 늘어납니다.

나무들이
뿌리를 내리다

어둠이 짙게 깔리고 밤이 찾아오면, 늑대는
골짜기를 향해 울부짖습니다. 엘크가 가까이
있다는 신호이지요. 엘크는 바짝 경계하며
한 곳에 너무 오래 머무르지 않으려고 애씁니다.

엘크가 이동을 하면 풀은 그만큼 풍성하게 자랍니다.
엘크는 잡아먹히기 쉬운 탁 트인 강둑을 벗어나
멀리 다른 곳으로 걸어가요. 강둑 근처에 있는
나뭇가지는 더 이상 뜯어 먹히지 않습니다.

나무들이 크고 튼튼하게 자라납니다. 버드나무와
사시나무, 미루나무가 강가를 따라 다시 자라나고,
비옥한 땅속 깊숙이 뿌리를 내립니다.

상 지 니 마

버드나무

미루나무

'노래하는 새들'이 돌아오다

나무가 자라면, 우거진 가지들이 그늘을 만들어 강을 시원하게 해 줍니다.
새들이 둥지를 틀고 쉴 수 있는 최고의 장소가 되는 것이지요.

'노래하는 새들'이 돌아왔습니다. 휘파람새, 딱새, 개똥지빠귀, 파랑새들이
강 위의 나뭇가지에 앉아 지저귀고, 총총 뜀박질합니다.

철새들도 공원에서 쉬어갈 곳을 찾지요. 겨울을 보내고 날아온 물수리와 하늘 높이 날아오르는
송골매, 호수와 강에서 물고기를 꿀꺽 잡아먹는 펠리컨들도 돌아오지요.

딱새

파랑새

물수리

여기저기 댐을 짓고 웅덩이들을 만들다

물이 초원을 뒤덮으며 범람하면 다양한 나무와 풀들이 무성하게 자라나지요. 식물의 뿌리가 땅속에 깊이 박히자 강둑이 튼튼해지고, 물에 사는 동물들에게 새로운 보금자리가 만들어집니다.

비버 댐

오리

물의 수위가 높아져요

먹이 저장소

개구리와 두꺼비

양서류

도롱뇽

달팽이

비버

곤충들

비버의 굴

새끼 비버

식물과 동물들은 이런 풍경 속에서 꽃을 피우고 열매를 맺고
새끼를 낳아 기릅니다. 과거에 살던 동물들도 돌아오지요…….

비버가 돌아왔습니다. 꼬리로 물을 철썩철썩 내리치는 소리가
다시 한 번 계곡에 메아리칩니다. 생태계를 조절해 줄 늑대가 없었기 때문에,
비버는 그동안 충분한 먹이를 구할 수 없었어요. 그 결과, 너무나 많은 수의
비버가 공원을 떠나야 했어요. 하지만 지금은 비버가 먹을
나무와 식물이 풍부해졌어요.

비버는 솜씨 좋은 기술자랍니다. 이제 강과 개울에
멋진 댐을 짓기 시작해요. 댐을 튼튼히 지은 덕분에 물고기들이 살 만한
깊은 웅덩이가 생겼어요. 수달과 사향쥐, 오리, 곤충들과
양서류들에게도 새로운 집이 생겼지요.

딱정벌레와 곰

늑대 무리는 배를 다 채우고 나면, 다른 동물들이 먹을 수 있도록 사체를 남겨두고 갑니다.

딱정벌레와 다른 곤충들이 이 버려진 동물 사체를 먹고 자랍니다.

그런데 이 먹이 찌꺼기를 즐기는 자들은 기어 다니는 오싹한 벌레뿐만이 아니랍니다. 곰도 한 몫 차지하러 오지요. 먹을 수 있는 고기가 많아지면서, 옐로스톤 국립공원에 사는 곰의 수도 늘어나고 있어요. 이윽고 늑대와 동등한 위치에까지 올라선 곰이 먹이를 두고 늑대와 대결을 벌이기도 하고, 사체를 훔쳐가기도 합니다.

공중을 나는 포식자 또한 이 즐거운 축제에 동참합니다. 까마귀와 까치, 독수리들이 늑대가 사냥하는 경로를 따라가면서 자신의 몫을 낚아채지요.

강의 모양이
바뀌다

높은 하늘에서 독수리는 아직 그 누구도
알아채지 못한 광경을 봅니다.

강이 다시 직선으로 흐르기 시작했습니다.

새로운 나무뿌리들이 땅속 깊숙이 박히면서 강둑은 더욱
튼튼해졌습니다. 이제는 쉽게 무너지지 않습니다. 이윽고 강폭이
좁아지고 연못이 만들어졌어요. 물고기가 첨벙첨벙 헤엄치기에
완벽한 장소가 되었어요.

잔잔한 연못에서부터 그림자가 어른거리는 호수에 이르기까지,
탁 트인 평원에서부터 깊은 숲속까지, 파란 하늘에서부터 깊은 물속
생태계에 이르기까지, 옐로스톤 국립공원은 되살아나고 있어요.

늑대들이 다시 생명을 가져다 준 것입니다.

돌아온 늑대들

1995년, 열네 마리의 늑대가 옐로스톤 국립공원에 다시 들어왔습니다.
이들은 골짜기를 누비고 다니며, 70년 만에 처음으로 늑대 발자국을 남겼습니다.

2년 동안 총 서른한 마리의 캐나다 늑대가 옐로스톤 국립공원에 들어왔습니다.
이들이 오늘날 공원에서 울부짖으며 사냥하는 10여 개 늑대 무리의 조상입니다.

이제 옐로스톤은 예전처럼 자연이 살아서 숨 쉬는 야생으로 돌아왔습니다.
하지만 오히려 길은 더 북적북적해졌어요. 관광객들은 화산의 화구에서
뜨거운 물이 솟구치는 광경을 보기 위해, 고지대의 야생 동물이 강물에서
첨벙이는 모습을 보기 위해 찾아옵니다. 비버들이 멋진 댐을 짓는 모습과
들소가 넓고 울창한 골짜기를 헤치며 풀을 우적우적 먹는 모습도 보려고 오지요.
그런데 나무와 수풀이 우거진 드넓은 계곡을 인내심을 가지고
매서운 눈으로 관찰하다 보면, 운 좋게 늑대를 발견할 수도 있습니다.

늑대들은 사람과 멀리 떨어져서 지냅니다. 사냥 중이거나……,
이동 중이거나……, 늑대는 먹이를 따라다니니까요.

열네 마리 늑대

1995년 옐로스톤 국립공원에 방사된 늑대들은 추적 장치를 달았습니다.
그들의 삶은 이렇게 펼쳐졌습니다.

1번 늑대

안타깝게도 첫 번째 늑대는 1995년 캐나다에서 마취총 충격으로 죽고 말았습니다. 그래서 옐로스톤 국립공원으로 올 수 없었어요. 공원 안에 성공적으로 들어온 늑대는 2번부터 15번까지입니다.

2번 늑대
크리스털 크릭 무리 / 레오폴드 무리
수컷
처음에는 크리스털 크릭 무리에 속해 있었지만 이후 7번 늑대와 짝을 이루어 레오폴드 무리를 만들었습니다. 2002년 지오드 크릭 무리와의 충돌로 세상을 떠났어요.

3번 늑대
크리스털 크릭 무리
수컷
무리를 나와 독립했습니다. 1996년 지속적으로 양을 괴롭히자 동물 피해 방지책에 따라 총에 맞아 죽었습니다.

4번 늑대
크리스털 크릭 무리
우두머리 수컷
1996년 드루이드 무리와의 충돌로 죽었습니다.

5번 늑대
크리스털 크릭 무리
우두머리 암컷
4번 늑대가 죽고 나서 새로운 무리를 만들었습니다. 하지만 어디론가 사라져 언제 죽었는지 알 수 없습니다.

6번 늑대
크리스털 크릭 무리
수컷
4번 늑대와 5번 늑대 사이에서 태어났습니다. 1998년 수컷 엘크의 공격을 받고 죽었습니다.

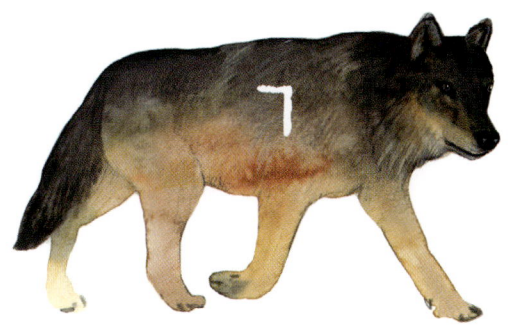

7번 늑대
로즈 크릭 무리 / 레오폴드 무리
암컷
2번 늑대와 짝 지어 레오폴드 무리를 만들었습니다.
2002년 드루이드 무리와의 충돌로 죽었습니다.

8번 늑대
크리스털 크릭 무리 / 로즈 크릭 무리
수컷
로즈 크릭 무리의 9번 늑대와 짝을 짓기 위해
크리스털 크릭 무리를 떠났습니다.
2000년 자연사했습니다.

9번 늑대
로즈 크릭 무리
암컷
원래의 짝과 헤어지고 나서 8번 늑대와
짝을 이루었습니다. 2002년에 사라졌고,
죽은 것으로 추정됩니다.

11번 늑대
소다 뷰트 무리
암컷
1996년 불법 사냥꾼의
총에 맞아 죽었습니다.

10번 늑대
로즈 크릭 무리
수컷
1995년 방사되자마자 일주일 만에
불법 사냥꾼의 총에 맞아 죽었습니다.

12번 늑대
소다 뷰트 무리
수컷
무리에서 벗어나 홀로 생활하다가
1996년 불법 사냥꾼의
총에 맞아 죽었습니다.

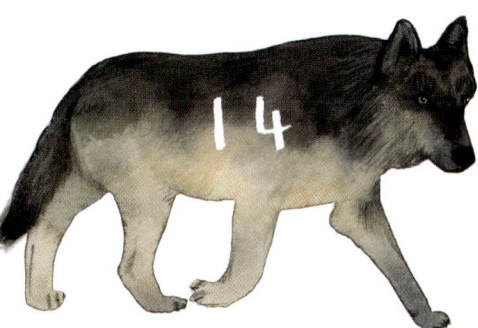

14번 늑대
소다 뷰트 무리
암컷
13번 늑대와 짝을 이루었습니다.
2000년 수컷 무스와
싸우다 죽었습니다.

13번 늑대
소다 뷰트 무리
수컷
14번 늑대와 짝을 이루었습니다.
'늙은 블루' 라는 별명이 있어요.
1997년에 늙어 죽었습니다.

15번 늑대
소다 뷰트 무리
수컷
1997년 가축 관리의 일환인
동물 피해 방지책에 따라
총에 맞아 죽었습니다.

3. 자연이 들려주는 원리에 대해 – 생물다양성

자연 속에서 동물과 식물은 생존하기 위해 서로서로 의지하며 살아갑니다.

이것은 마치 조각 그림 맞추기 같아요. 큰 포식자에서부터 작게는 풀잎에 이르기까지 모든 것이 서로 꼭 들어맞아야 해요. 자연에는 굶주리고 있는 것도 없고, 또 들어맞지 않는 퍼즐 조각 같은 것도 없답니다.

최상위 포식자가 사라지거나 다시 나타나면 모든 생태계에 변화가 일어나지요. 시간이 아주 짧은 생명체에게조차 영향을 미칩니다. 아래에서 위로 일어나는 효과를 '트로픽 캐스케이드', 즉 차례차례 일어나는 **폭포** 같은 효과라고 부르지요.

옐로스톤 국립공원에서 일어난 생태 변화

상위 포식자

포식자가 다시 자리를 잡으면서 사슴과 같은 초식 동물이 줄어들었습니다. 이때부터 나무들이 들어설 자리가 생기고, 나무가 우거진 숲이 형성되자 새와 벌레들이 늘어납니다.

늑대

대형 포식자

늑대들은 엘크와 같은 커다란 동물 사냥을 좋아합니다. 늑대로 인해 줄어든 사슴 덕분에 나무들이 다시 자라나지요. 또, 늑대는 엘크들이 한 곳에 머물지 못하고 자속적으로 움직이도록 만듭니다. 강둑 근처 풀들도 너무 많이 먹어치우지 않게 되지요.

엘크

엘크의 수가 줄어듭니다. 엘크는 늑대를 피해 다니느라 강둑 근처 풀을 뜯어먹을 시간이 없습니다. 엘크가 사라지자 나무들이 자라나고 풀들이 무성해지면서 땅에 그늘이 짙게 드리워집니다. '땡볕 때문에 말라붙었던 강둑이 촉촉해지고 나무도 풀도 무성해집니다.

44

생태 복원과 환경 보호

생태 복원은 자연이 생태계를 스스로 조절하도록 해주는 것이에요.
야생 동물들과 사람들에게 건강한 환경을 되돌려줄 수 있는 방법이지요.

생태 복원은 동물과 식물을 한때 번성했던 환경으로 되돌려놓음으로써 훼손된 땅을 회복시키는 방법입니다.
이러한 프로젝트들은 종종 그곳에 사는 다른 동물들의 삶을 변화시킨 핵심 종들을 되살리는 것으로 진행됩니다.
옐로스톤 국립공원에서는 늑대가 핵심 종이었으며, 늑대가 돌아온 일은 생태 복원의 대표적인 사례로 꼽힙니다.

환경 보호는 생태 복원과는 다릅니다. 환경 보호는 특정한 결과를 얻기 위해 개별 종이나 서식지를 보호하는 것을 뜻해요.
예를 들어 숲을 되살리기 위해 나무를 심는 것과 같지요. 이와 달리 생태 복원 프로젝트는
나무가 스스로 씨를 뿌리도록 해주는 거예요. 자연이 어떻게 할지 맡겨 두는 방식이지요.
둘 다 우리 자연에서 생물의 다양성을 회복하는 데 중요한 역할을 하죠.

전 세계 곳곳에서 자연에 도움이 되는 동물을 다시 들여오는 프로젝트가 진행 중입니다.

영국

토종 영국 비버는 털과 고기를 얻으려는 사람들에 의해 16세기에 멸종하고 말았어요. 운하와 댐을 만드는 데 뛰어난 실력을 자랑하던 비버가 사라져 버리자, 강물이 오염되고 여러 차례 홍수가 일어났지요. 이제 몇몇 지역에 비버를 다시 들여오고 있어요. 이 야생의 건축 기술자들은 홍수가 일어나는 것을 막아주고 강에 사는 모든 동물을 위한 습지 서식지를 만드는 데 도움을 줍니다.

한국

우아한 털을 가진 호랑이는 세계에서 가장 많이 밀렵된 동물 중 하나이며, 멸종 위기에 처한 종입니다. 호랑이가 없으면 대형 초식 동물들의 수가 증가해 모든 나무와 풀을 다 먹어치워 버리지요. 경북 봉화군의 국립 백두대간수목원 '호랑이 숲'에서는 방사된 호랑이들을 돌보고 있습니다. 아주 넓은 땅에 백두산 호랑이 4마리를 수용하여, 오전 10시에 문을 열어 방사장에 나오게 했다가 오후 5시에 우리 속으로 들어가게 하고 있습니다. '호랑이 숲'은 멸종 위기 종인 백두산 호랑이의 보존과 야생성을 지키기 위해 만들어졌고, 따라서 자연 서식지와 유사한 환경을 조성하여 체계적으로 관리하며 연구를 진행하고 있습니다.

네덜란드

들소는 20세기 들어 유럽에서 너무 많이 사냥을 당해 멸종 위기에 몰렸습니다. 2007년에 들소들이 네덜란드로 돌아왔지요. 크나큰 문제를 해결하기 위해서였어요. 바로 풀이었지요! 풀이 너무 많이 자라 다양한 식물이 자라는데 한계가 있었던 거예요. 생물의 다양성을 회복하기 위해서는 누군가 와서 풀을 많이 먹어치워야 했지요. 들소의 먹성은 아주 어마어마하답니다!

갈라파고스 제도

2010년 과학자들은 갈라파고스 땅거북이 야생에 겨우 10%밖에 남지 않았다고 추정했어요. 갈라파고스의 토종 생물 중에서 가장 유명한데도 말이지요. 오늘날 과학자들은 멸종 위기에 처한 땅거북의 알을 모아 보호소에서 새끼를 기른답니다. 거북이들이 스스로를 지킬 수 있을 만큼 강해지면 다시 야생으로 돌려보냅니다. 이제는 땅거북의 수가 늘어나고 있어요. 거북이들은 주변을 터벅터벅 걸어 다니며 똥을 싸는데, 그 똥에서 나온 씨앗이 퍼지며 새로운 나무가 자라는 데에도 도움을 준답니다.

필리핀

이 거대한 생명체는 물속에서 이동하며 바다의 영양분이 잘 섞이도록 만들지요. 고래의 똥은 크릴새우나 플랑크톤, 심지어 조류와 같은 작은 종들의 먹이가 된답니다. 이 작은 종들은 돌고래와 물고기가 즐겨 찾는 먹잇감이지요. 이 작은 생명체들은 또한 공기와 물속에 과다하게 녹아있는 탄소와 철분을 흡수하여 지구의 이산화탄소 수치를 안정적으로 유지하는 데도 도움을 준답니다. 그런데 고래들은 그 수가 급격히 줄고 있어요. 상업적인 고래잡이로 인해, 어망에 얽혀서, 또 수온 상승으로 서식지가 줄어들고 있기 때문이에요. 많은 수의 고래들이 해변으로 밀려들어와 오도 가도 못한 채 발견되기도 해요. 필리핀 과학자들과 자연 보호 단체들은 해변으로 떠밀려 온 고래들을 구조하여 바다로 다시 돌아갈 수 있도록 돕고 있어요. 고래들이 바다 생태계를 계속 유지할 수 있도록 돕는 것이랍니다.

아우우 우우

왜 포식자가 중요할까요?

생태 복원은 육지와 바다의 야생 동물들을
자연 상태로 되돌리는 데 매우 중요한 역할을 합니다.

하지만 사람들과 야생 동물 사이에서는 종종 갈등이 일어납니다. 늑대를 둘러싼 갈등은 여전히 격렬하지요. 다행히 옐로스톤 국립공원에는 늑대를 보호하는 법이 있고 늑대를 위협하는 사람은 처벌받기 때문에 안전합니다. 하지만 늑대들은 지도를 읽을 줄 모르기 때문에 종종 공원 경계선 너머로 돌아다니기도 합니다. 그러다 사냥꾼의 무시무시한 총과 맞닥뜨릴 수도 있어요.

늑대들은 사람들에게 공포의 대상이지만, 옐로스톤 국립공원의 늑대들은 왜 포식자의 역할이 중요한지 잘 보여주었습니다. 늑대들은 모든 생명을 지탱하는 열쇠예요. 자연이 균형을 이루고 생태계가 안정적으로 유지되는 데 도움을 주지요.

전 세계 곳곳에서 사람들은 늑대와 같은 핵심 종들과 공존할 수 있는 방법을 찾고 있습니다. 왜냐하면 사람 역시 살아남기 위해서는 건강한 자연 생태계에 의존해야 하기 때문입니다.